Vente du Samedi 26 Mars 1881

HOTEL DROUOT, SALLE N° 5

FAIENCES ITALIENNES

DES DIVERSES FABRIQUES

DENTELLES — BRODERIES

EXPOSITION PUBLIQUE

Le Vendredi 25 Mars 1881

De une heure à cinq heures.

COMMISSAIRE-PRISEUR	EXPERT
Mᵉ CHARLES PILLET,	M. CHARLES MANNHEIM
10, rue Grange-Batelière.	7, rue Saint-Georges.

CATALOGUE

DES

FAIENCES ITALIENNES

Des fabriques de Gubbio, Pesaro, Urbino, Faënza, Castel-Durante,

Castelli, etc.; Faïences de Rouen; Porcelaines diverses; Biscuits de Wedgwood;

Verrerie de Venise; Bijoux; Objets variés; Cabinets Louis XIII;

DENTELLES ET BRODERIES

DONT LA VENTE AURA LIEU

HOTEL DROUOT, SALLE N° 5,

Le Samedi 26 Mars 1881

A DEUX HEURES.

Par le ministère de Mᵉ **CHARLES PILLET**, Commissaire-Priseur,
10, rue de la Grange-Batelière,

Assisté de **M. CHARLES MANNHEIM**, Expert, 7, rue Saint-Georges,

Chez lesquels se trouve le présent Catalogue.

Exposition Publique : le Vendredi 25 Mars 1881,

De une heure à cinq heures.

CONDITIONS DE LA VENTE

Elle sera faite au comptant.

Les adjudicataires payeront *cinq pour cent* en sus des enchères.

L'exposition mettant le public à même de se rendre compte de l'état des objets, il ne sera admis aucune réclamation une fois l'adjudication prononcée.

Paris. — Typ. Pillet et Dumoulin, 5, rue des Grands-Augustins.

DÉSIGNATION DES OBJETS

FAIENCES ITALIENNES
ET AUTRES

1 — Castelli.—Deux grands et beaux vases sur piédouche avec leurs couvercles, décorés de paysages, d'une extrême finesse de dessin et d'émail.

2 — Castel-Durante.—Vase de forme sphérique, feuillages et rinceaux entrelacés de chevaux marins et médaillons sur fond jaune d'or.

3 — Urbino. — Vase de forme sphérique d'une grande finesse, orné de deux médaillons et trophées d'armes sur fond bleu lapis.

4 — Castelli. — Deux beaux vases sur piédouche avec couvercles, décor de paysages.

5 — Gubbio. — Vase en forme de pomme de pin à reflets métalliques.
Collection Roussel, n° 104.

6 — Pesaro.— Autre vase de même forme, couleurs bleu et jaune.
Collection Roussel, n° 104.

7 — Faenza. — Deux cornets décorés de trophées d'armes et chevaux sur fond jaune.

8 — Urbino. — Deux cornets dits à la Reine de Florence, ornés d'amours et surmontés d'une femme couronnée.

9 — Urbino. — Deux cornets très fins, arabesques jaunes sur fond vert.

10 — Hispano-mauresque. — Un grand cornet monté en bronze doré.

11 — Très beau vase à couvercle en belle porcelaine allemande, décor de fruits et de fleurs.

12 — Venise. — Grand plat avec armoirie, décor de palmettes, style persan.

13 — Castelli. — Plat d'une grande finesse de décor ; au centre, un paysan au repos.

14 — Castelli. — Autre plat surmonté d'une armoirie et trophées d'armes ; au centre, une bataille.

15 — Castelli. — Grand plat à godrons forme saladier décoré sur les deux faces.

16 — Castelli. — Deux beaux plats, à bords gaufrés et contournés ; au centre, soldats à cheval sur fond blanc de lait.

17 — Castelli. — Soupière forme tortue, avec son plateau forme banette.

18 — Gubbio — Plat à reflets, décor de palmettes et rosaces.

19 — Urbino. — Plat sur piédouche, très beau de couleurs. Diane et Actéon.

20 — Hispano-Mauresque. — Grand et beau plat à reflets d'une parfaite conservation.

21 — Venise. — Plat avec arabesques en relief, bouquets de fleurs et médaillon.

21*bis* — Faenza. — Drageoir à pans échancrés, décor bleu en relief.

22 — Castelli. — Plat décoré d'amours sur fond blanc.

23 — Castelli. — Présentoir, décoré de bouquet de fleurs.

24 — Savone. — Coquille, décor bleu; au centre, un amour.

Signé LDS. et sur le fond la date de 1699.

25 — Castelli. — Quatre petites assiettes, sujets mythologiques.

Ce lot sera divisé.

26 — Castelli. — Une assiette très fine d'émail et de décor dans son cadre doré.

27 — Rouen. — Plat octogone, décor bleu.

28 — Castelli. — Grande et belle tasse et sa soucoupe, sujet pastoral.

29 — Castelli. — Deux tasses et soucoupes, même sujet et même finesse.

30 — Castelli. — Un sucrier en forme de coffret, décor d'amour.

31 — Castelli. — Autre sucrier, décor de paysages.

32 — Castelli. — Belle plaque carrée dans son cadre en écaille. Sujet biblique peint par Gentile. Dessin, coloris et émail ne laissent rien à désirer.

33 — Castelli. — Autre plaque faisant pendant à la précédente, sujet biblique, peint par Angiolini. Elle est aussi belle et aussi fine.

34 — Naples. — Encrier en ancienne faïence, fabrique Delvecchio.

35 — Castelli. — Cafetière, décorée d'amours et de fleurs sur fond blanc de lait.

36 — Castelli. — Autre cafetière Louis XIV à médaillons bleu. L'anse représente une tête coiffée et le gouleau une tête de chimère.

37 — Wedgwood. — Un porte-flacon Louis XVI avec ses burettes.

38 — Wedgwood. — Coquille à reflets nacrés. Pièce rare.

39 — Wedgwood. — Deux porte-bouquets en ancien Wedgwood Louis XVI.

40 — Rouen — Deux bustes Louis XIV d'une grande finesse.

41 — Deux statuettes dont une en faïence de Lorraine et l'autre en porcelaine allemande.

42 — Frankenthal. — Statuette représentant un berger, parfaitement modelé.

43 — Saint-Cloud. — Deux statuettes Louis XV en vieux Saint-Cloud.

44 — Saint-Clément. — Un groupe. Berger et bergère.

45 — Ginori. — Deux statuettes, sujets de la comédie italienne.

46 — Urbino. — Ustensile en faïence servant à égoutter les essences : Mascaron dominant une cuvette oblongue à bossages.

Pièce de collection.

47 — Naples. — Deux flambeaux en faïence tendre de la fabrique Delvecchio. Style Louis XVI.

48 — Urbino. — Salière forme sarcophage, soutenue par des chimères.

49 — Moustier. —Sucrier décor de guirlandes et de médaillons.

50 — Deruta. — Gourde en faïence dite florentine, décorée de feuillages surmontés d'une fleur de lys.

Pièce de collection.

51 — Strasbourg. — Porte-bouquet, forme commode, le couvercle orné d'un bouquet de fleurs en relief.

52 — Marseille. — Beurrier de la fabrique Robert, décor de fleurs.

53 — Venise. — Toilette vénitienne à compartiments en faïence blanche à reliefs surmontée d'un chien.

54 — Naples. — Porte-burettes, fabrique de Delvecchio. (Signé).

55 — Allemagne. — Deux porte-huiliers : Enfants sur des dauphins.

56. — Urbino. — Encrier ; fleurs et mascarons en relief.

57 — Strasbourg. — Jardinière Louis XV à deux compartiments (J.-I. 928).

58 — Japon. — Une coupe montée en bronze.

59 — Rouen. — Deux flacons Louis XIV, enfants portés par des dauphins et décorés d'une fleur de lys.
Pièce de collection.

60 — Rouen. — Une console décor bleu.

61 — Rouen. — Autre console décorée d'un mascaron en relief, très fin d'émail.

62 — Allemagne. — Deux flacons sujets grotesques.

63 — Venise. — Deux burettes en faïence tendre.

64 — Urbino. — Deux petites consoles ou supports formés par des têtes d'anges.

65 — Urbino. — Bénitier d'une très belle forme, orné d'anges en relief.

66 — Moustier. — Encrier surmonté d'un arbre avec oiseau.

67 — Delft. — Une brosse d'une grande finesse, décor Louis XIV.
(Pièce de collection).

68 — Sèvres. — Une tasse, pâte tendre.

69 — Un cornet d'Urbino et un vase en terre d'Avignon.

70 — Un vase étrusque des fouilles de Nola et une pièce en porcelaine.

71 — Deux supports en bois sculpté et doré.

72 — Cadre Louis XIV finement sculpté avec broderie de soie sur papier.

VERRERIES

73 — Un gobelet en verre de Venise, bleu chevronné de blanc.
(Collection Roussel, n° 143).

74 — Verre incolore à quatre lobes, chevronné de blanc.

75 — Deux burettes avec anses de couleur.

76 — Flacon en verre jaune d'or, monté en bronze doré.

77 — Cinq pièces, verrerie de Venise et de Bohême.

BIJOUX ET OBJETS DIVERS

78 — Montre en or et une paire de boucles d'oreille en roses.

79 — Montre en argent Louis XV, ornée de marcassites.

80 — Flacon en vermeil repoussé.

81 — Cœur en rubis et roses.

82 — Cassolette en vermeil, en forme de cœur, surmontée d'une couronne.

83 — Bague en or ciselé, montée en roses.

84 — Email d'une grande finesse, dans son petit cadre argent et jargons.

85 — Email sur fond bleu, très fin.

86 — Deux autres émaux pareils, dans leur petit cadre argent et jargons.

87 — Parure en argent et marcassites. Bracelet, boucles d'oreilles et broche.

88 — Trois salières, dont deux en émail de Saxe et une en japon.

89 — Deux boîtes, l'une en Saxe et l'autre en écaille et deux portraits.

90 — Deux peintures sur verre finement exécutées. Epoque Louis XVI.

91 — Un flacon en émail de Saxe.

92 — Un cadre en écaille, contenant une croix Louis XVI, en cailloux du Rhin, montée en argent et or. Tête de guerrier, argent et perle et autres objets.

MEUBLES

93 — Deux cabinets italiens Louis XIII, ornés de médaillons en ivoire gravé, représentant les rois de Naples de plusieurs époques. Le milieu, orné d'un battant formant portique, est soutenu par deux colonnettes gravées.

DENTELLES ET BRODERIES

94 — Plusieurs bordures brodées sur soie verte et jaune et quantité de fleurs brodées, non encore appliquées, plus un lot de soierie.

95 — Un coupon damas jaune.

96 — Broderie ancienne, fleurs et arabesques. Long. 2 m. 50 cent.; larg., 33 cent.

97 — Ancienne broderie vénitienne ; fleurs et oiseaux en relief sur fond jaune. Long., 2 m. 10 cent.

98 — Toile brodée couleur, à fils tirés. Long., 5 m. 45 c.

99 — Toile brodée, même travail. Long., 5 m. 20 cent.

100 — Broderie sur toile. Long., 5 m.

101 — Canevas brodé fil et soie. Long., 3 m. 45.
Broderie soie sur toile. Long., 8 m.

102 — Filet rouge, brodé blanc. Long., 6 m. 80 cent.

103 — Une nappe, canevas rouge et une garniture de cheminée, toile brodée et velours.

104 — Devant de cheminée, filet écru.

Canevas aloès jaune, brodé blanc. Long., 2 m., 65 cent.

Entourage de nappe, même travail.

105 — Beau tapis, filet Louis XIII, d'une rare finesse.

106 — Joli tapis, filet bleu, brodé blanc.

107 — Bel aunage Louis XIII, en filet d'aloès jaune, brodé blanc.

108 — Deux pentes en filet avec armoiries, style renaissance.

109 — Deux beaux tabliers, Venise taillés dans la toile.

110 — Deux barbes en Venise, très fin. Long., 1 m., 95 cent.

111 — Grande et belle nappe de Venise, taillée et brodée dans la toile.
(Pièce de collection).

112 — Beau dessus de lit en filet gothique, d'une belle conservation.

113 — Tapis en filet style renaissance.

114 — Quatre encadrements de coussins en Venise.

115 — Toile brodée à fil tiré. Travail florentin. Long. 3 m. 40 cent.

116 — Entre-deux en Venise très fin pouvant servir pour la lingerie. Long. 5 m. 25 cent.

117 — Beau Venise pour meubles. Long. 5 m. 85 cent.

118 — Deux beaux rideaux de 2 mètres 45 centimètres de haut; Venise et filet à carreaux avec armoirie au milieu.

119 — Très beau tapis Venise à l'aiguille d'une parfaite conservation : son dessin et la dent qui l'entoure en font une pièce exceptionnelle.

120 — Grand et beau couvre-pieds en toile et filet d'une parfaite conservation.

121 — Autre couvre-pieds plus petit en Venise et guipure sur toile.

122 — Filet bleu style renaissance, brodé de plusieurs couleurs. Long. 2 m. 80 cent.

123 — Aunage, filet et toile. Long. 6 m.

124 — En deux coupes Venise à l'aiguille d'une grande finesse. Long. 4 m. 35 cent.

125 — Deux coussins en Venise à l'aiguille.

126 — Une portière brodée au point de Hongrie feuillages et fleurs.

127 — Autre portière en filet, brodée couleurs et soie bleu.

128 — Un coussin guipure italienne à rosaces.

129 — Deux coussins guipure de Venise.

130 — Deux beaux coussins guipure italienne gothique.

131 — Deux coussins Venise dans la toile avec dents de Venise.

132 — Un très beau coussin Venise à l'aiguille.

133 — Dessus d'oreiller, toile brodée et filet.

134 — Belle broderie sur toile et Venise. Long. 2 m.

135 — Beau Venise avec sa dent. 1 m. 75 cent.

136 — Beau Venise à dents d'une belle conservation, haut. 23 cent. Long. 2 m.

137 — En deux coupes, guipure sur toile avec sa dent. Long. 5 m.

138 — Beau point de Venise à l'aiguille d'une parfaite conservation. Long. 3 m. 15 cent.

139 — Venise sur toile bien conservé. Long. 6 m. 60 cen.

140 — Venise sur toile pouvant aller avec le lot précédent.

141 — Venise sur toile même travail. Long. 3 m. 85 cent.

142 — En deux coupes et deux largeurs, Venise à rosaces pour meubles. Long. 4 m.

143 — En deux coupes. Beau volant en guipure italienne d'une grande finesse et parfaitement conservé. Long. 8 m. 40 cent.

144 à 147 — Quatre lots de bonnets de religieuses avec Venise très fin comme dessin et comme travail.

148 — Deux dessus d'oreillers Venise dans la toile. Ces deux pièces sont d'une grande rareté et d'une parfaite conservation.

149 — Dents guipure italienne, long. 11 mètres.

www.ingramcontent.com/pod-product-compliance
Lightning Source LLC
LaVergne TN
LVHW010332230826
846091LV00009B/3830

* 9 7 8 2 3 2 9 5 0 7 5 3 8 *